Jumièges.

Le Duc de Doudeauville.

. P. 1841.

PUBLICATIONS DE LA RENOMMÉE.

FASTES NOBILIAIRES.

Notice nécrologique,

SUR LA VIE ET SUR LES TRAVAUX

DE

M. LE DUC DE DOUDEAUVILLE.

Par M. Th. JUMIÈGE.

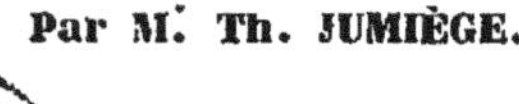

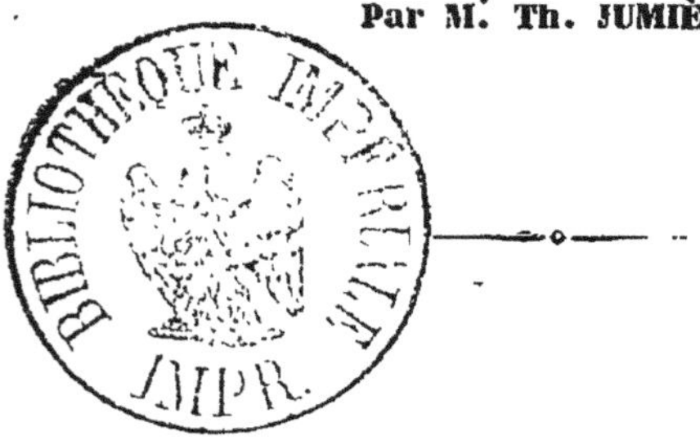

PARIS,

Aux Bureaux de la Renommée,

Biographie générale, Revue Littéraire,

PLACE DU DOYENNÉ, N° 3, AU CARROUSEL,

Et à tous les Dépôts de Publications.

1841.

LE DUC DE **DOUDEAUVILLE.**

« Je ne suis pas de ceux, dit l'historien de Thou, qui estiment l'illustration de la naissance, les alliances et les amitiés à l'égal du mérite personnel, mais si je dis qu'on doit tenir aussi quelque compte de ces avantages lorsque les autres qualités ne manquent pas, aucun homme de sens ne contestera la justice de mes paroles. » Lorsque de Thou écrivait ces lignes, le monde assistait au commencement d'une révolution qui devait révéler d'autres doctrines et faire triompher d'autres principes. A la société si fortement organisée, si énergiquement classée, qui s'éteignait peu à peu, allait succéder la forte mais factice unité de la royauté, destinée à s'engloutir par ses propres fautes au sein des révolutions populaires, victime du vide qu'elle avait fait autour d'elle. Elle avait compté sur ses forces pour se maintenir en équilibre, et la noblesse, abaissée par elle et désormais sans fonctions régulières, n'était plus qu'une superfétation dans la machine politique, et restait impuissante à la défendre des coups de la multitude. Lorsque celle-ci attaqua l'aristocratie , elle ne fit que continuer la lutte qu'avait commencée la royauté ; la seconde avait eu l'imprudence de détruire une puissance qui lui servait d'intermédiaire et de sauve-garde ; la première voulut abolir des priviléges qui devenaient sans objet ; la monarchie et la noblesse succombèrent en même-temps, et l'on essaya dès-lors de réaliser cette impossible égalité qui avait fait le rêve de deux siècles.

On sait ce que depuis cinquante ans ont produit ces théories nouvelles inaugurées dans le sang, ce protestantisme politique , qui substitue la volonté de chacun, les intérêts de chacun, à l'intérêt général, à une action centrale et directrice. Le pouvoir a changé de place, ou plutôt le pouvoir a été aboli. Le mot de gouvernement est devenu une sorte de barbarisme politique qui n'exprime plus l'action supérieure d'une puissance reconnue , mais une administration timide et subordonnée ; ce n'est plus maintenant dans la puissance paternelle qu'il faut chercher la source de l'autorité publique, mais dans la *domesticité*, — ce n'est pas moi qui prononce le mot pour la première fois, — et cette pauvre famille orpheline, a abandonné le soin de ses biens, de sa puissance, de son éducation, de sa moralité à des valets ambitieux, corrupteurs et souvent infidèles, qui se disputent la faveur des maîtres, et qui font valoir, à la place des droits qui leur manquent, l'aveuglement de leur obéissance ou le crime de leur complicité; qui se plient aux caprices de ces enfants indociles, tremblent à leur plus folle colère, servent leurs plus coupables passions, et sont chassés souvent malgré tant de docilité.

Quelles que soient, d'ailleurs, car nous parlons des choses et non des hommes, les intentions de ceux qui sont aux affaires, les résultats sont les mêmes ; les erreurs de l'opinion n'ont pas de moindres dangers que la perfidie, et l'homme honnête qui, en s'abusant sur la nature du pouvoir, l'avilit aux yeux des peuples, n'est pas moins coupable peut-être que l'hypocrite qui les trompe pour s'élever, et certainement il ne produit pas un moindre mal.

Maintenant, donc, il n'y a plus de classes, mais il n'y a plus d'ordre, il n'y a plus de barrière, mais il n'y a plus de retenue ; il n'y a plus d'obstacles à l'élévation de chacun, mais il n'y a plus de terme à ses désirs. Dans ce bouillonnement d'ambitions confondues on se heurte, on se pousse, on s'écrase, on s'avance ou on succombe au hasard. La supériorité du mérite, avouée d'abord, mais voilée par les nuages de la vanité, est bientôt contestée, et l'on tend alors vers une égalité sauvage dont rien n'offre l'exemple dans la nature, où tout est classé selon d'invariables règles, où la force, la puissance, la grandeur, la beauté sont distribuées d'une façon si inégale et selon un ordre si mystérieux et si grand.

Avouons-le maintenant, car aussi bien cette vé-

rité commence à devenir évidente, il n'y a pas de
société possible avec cette théorie d'égalité qui dé-
place tout et renverse l'ordre naturel des choses. Il
faut un frein à l'ambition, il faut un obstacle à une
activité désordonnée, il faut un terme à ces désirs
aveugles que l'on chercherait en vain à satisfaire,
et qui s'étendent sans cesse à mesure que s'étend
devant eux l'espace que l'on accorde à leur avidité.
Certes, nous sommes loin de souhaiter ces castes infranchissables, dans les limites desquelles s'agitent
en vain les intelligences que la loi condamne à ne
les jamais dépasser ; le génie qui est la noblesse
dans l'ordre de la société naturelle, doit être revêtu
du caractère de la noblesse civile ; mais le génie est
malheureusement trop rare, il n'est qu'une exception dans les événements humains, et ce serait folie
de mesurer à sa taille et de faire fléchir à ses besoins
les constitutions politiques. Ne craignez rien, d'ailleurs, il trouvera seul sa route. Donc, pas de barrières infranchissables, mais ne tombons pas dans
un excès opposé en renversant toutes les barrières ;
fions-nous un peu plus à cette sagesse, sanctionnée
par le temps ; dans les choses politiques, comme
dans les choses de la vie privée, *la familiarité en-
gendre le mépris*, et le pouvoir, trop facile à conqué-
rir, et placé trop près de la foule, n'obtient plus ses
respects dans les mains qui l'ont ramassé. Après
tout, cette confusion qui anéantit les distances, qui
efface les places, qui fait d'un peuple comme une

foule ameutée, n'est favorable, qu'on y pense, qu'à une intrigante médiocrité ; et ne vaut-il pas mieux garder celle qu'accompagnent au moins l'habitude de la dignité personnelle et du respect de soi-même, des préjugés d'honneur chevaleresque, et de loyal dévouement, et le culte saint des aïeux, que d'accueillir cette médiocrité rapace qui se jette sur les faveurs comme sur une proie, avec ces instincts pris en bas, sans dignité et sans convenance ?

C'est d'ailleurs une erreur singulière et trop commune aujourd'hui de croire que l'art de gouverner les hommes, le plus difficile et le plus haut, soit le seul qui n'ait pas besoin d'être appris. Erreur funeste d'un temps qui n'a pour seule règle que l'intérêt particulier, sur lequel chacun se croit capable de prononcer. Ne voit-on pas, au contraire, que cet art doit être l'objet des plus profondes études, et en quelque sorte de la vie tout entière, et que ce n'est. pas trop de la passer au milieu des affaires, d'appartenir à ces vieilles familles, dans lesquelles l'exercice des charges était traditionnel, pour supporter le fardeau du pouvoir sans faiblir, pour s'élever si haut sans vertige et sans orgueil. Et cela est si vrai qu'aujourd'hui, sous nos yeux, malgré nous, des classes privilégiées tendent à se former lentement et sans bruit, et déjà quarante ans après ce grand renversement, qui avait tout nivelé, qui avait englouti toutes les grandeurs, l'ombrageuse opinion est obligée de s'élever contre une aristocratie de banque , contre une aristocratie de négoce , qui veulent se substituer à cette vieille et noble aristocratie de la terre, du courage et de huit siècles de service : qu'on les compare et qu'on prononce. Ce n'est pas tout, cependant, et dans cet inextricable désordre, nous verrons bientôt, pour terminer la liste de ces misérables usurpations, l'aristocratie des chanteurs et des danseuses : l'œuvre alors sera complete.

Il ne faut pas toutefois qu'on se méprenne sur notre pensée; nous avons exposé autant qu'il a été en nous de grands principes sociaux, et nous n'avons pas songé un instant aux formes politiques, application secondaire de ces principes. Nous n'invoquons point le passé; sans doute une révolution qui a coûté tant de sang, tant d'énergie, tant de courage des deux côtés, soyons vrais, n'a pas pu être, dans l'ordre des décrets de la Providence, un accident isolé, stérile, et qu'il faille effacer de la mémoire et de la série des faits; mais si elle doit concourir pour sa part à l'organisation des sociétés futures, au moins sommes-nous fondés à dire qu'elle n'a constitué jusqu'à présent que le désordre et que nous sommes encore sous l'influence des principes désorganisateurs dont elle s'était servie comme d'une arme pour abolir le pouvoir qui l'avait précédé. Nous ne savons guère comment on appliquera les vérités éternelles, mais nous sommes certains qu'il faudra en revenir à leur application.

Cela pouvait bien être dit quand il était question d'un des plus vieux gentilshommes de France, d'un homme qui, selon les paroles d'Auguste de Thou, réunit les plus solides vertus à la plus haute naissance, et qui dans le cours d'une vie, à quelques égards, semblable à celle de l'illustre magistrat, *est passé en faisant le bien.*

M. de la Rochefoucaud, duc de Doudeauville, eut pour premier ancêtre de son nom Foucaud, sire de la Roche, et contemporain de Hugues Capet ; sa famille déjà illustre dans la Guienne et dans l'Anjou, et qui, destinée à servir pendant huit siècles et sur le premier rang la famille royale de France, naissait avec elle et à ses côtés, sortait, en même temps que la maison de Parthenay, de la race des Lusignan, dont l'origine va se perdre au milieu des enchantements de la fée Mélusine, et reçoit une mystérieuse beauté des superstitions des peuples et des fictions des poètes, ces véritables lettres de noblesse des grandes races. Tant que dura la monarchie, les seigneurs de la Rochefoucaud gardèrent une faveur qu'ils n'avaient jamais cessé de mériter ; il occupèrent les premières charges de la cour et de l'armée, et ne se rendirent pas moins célèbres ; c'est un fait qu'il faut noter ici, par leur bienfaisance héréditaire, par leurs nombreuses munificences pour les établissements publics et religieux que par leur courage et leurs talent (1).

(1) Courcelles.

Ambroise-Polycarpe de la Rochefoucaud, duc de Doudeauville, pair de France, chevalier commandeur des ordres du roi, grand d'Espagne de première classe, naquit le 2 avril 1765; son père, Jean-François, vicomte de la Rochefoucaud, baron de Surgères, comte de Morville, de Turny et de Vernissy, seigneur d'Armenonville et de Doudeauville, etc., etc., avait épousé, en 1752, Anne-Sabine-Rosalie Chauvelin, fille de Germain-Louis Chauvelin, marquis de Grosbois, chancelier de France.

Le jeune de Doudeauville, doué d'une intelligence vive et précoce, fit, au collége d'Harcourt, de rapides et brillantes études; à douze ans il était en réthorique. Il épousa, à quatorze ans, par contrat du 8 avril 1779, Bénigne-Augustine Letellier de Louvois, dame de Montmirail, fille aînée et principale héritière de Charles-François-César Letellier de Louvois. C'est par ce mariage qu'il devint grand d'Espagne, et il prit, à partir de 1780, le titre de duc de Doudeauville.

Le 20 décembre 1781, il eut, de son mariage, Françoise-Charlotte-Ernestine de la Rochefoucaud, depuis marquise de Rastignac. Dans la même année, et lorsqu'il n'avait encore que seize ans, il entra, comme sous-lieutenant, dans le régiment de Montmorency, et, à vingt-trois ans, il avait obtenu le grade de major.

Enfin, pour terminer cette généalogie, il eut, le

29 avril 1785, un second enfant, Louis-François-Sosthènes de la Rochefoucaud, aujourd'hui héritier de son nom (1).

Bientôt la révolution commença. Les États-généraux, demandés depuis si long-temps par les parlements, et qui devaient, croyait-on, réformer tant d'abus, guérir tant de plaies et sauver la monarchie, furent convoqués autour de la couronne. Le duc de Doudeauville était alors gouverneur et grand-bailli d'épée de la ville de Chartres ; il présida les premières assemblées électorales de cette ville n'ayant encore que vingt-quatre ans, et déjà, dans une position que rendait difficile l'agitation des esprits et les inquiétudes croissantes de la France, il donna des preuves de cette ferme modération qui ne l'abandonna jamais.

Lorsque les États-généraux se furent assemblés, la chambre de la noblesse, d'abord séparée des deux autres ordres, l'éleva à la présidence, et ce témoignage d'estime accordé à un si jeune homme nous montre tout ce que dès-lors les qualités précoces de M. le duc de Doudeauville avaient réalisé d'espérance et tout ce qu'elles en avaient fait concevoir. Cependant un si grand honneur épouvantait sa modestie, il craignait d'avoir mal rempli des fonctions trop hautes à son gré, et les remercî-

(1) L'intéressante biographie de M. Sosthènes de la Rochefoucaud occupera très prochainement une place importante dans notre recueil. (*Note du Directeur.*)

ments de toute la noblesse réunie en corps autour de lui le rassurèrent sans le convaincre.

M. de Doudeauville n'approuvait pas l'émigration, il essaya de la combattre, mais il dut s'y soumettre, et malgré lui, poussé par ce mouvement dé la noblesse, il alla, en 1790, prendre du service dans cette inutile armée du prince de Condé, dissoute avant d'avoir rien fait. Cependant il s'aperçut bientôt que les intentions des étrangers étaient peu loyales, qu'ils voulaient attaquer, non pas la révolution, mais la France elle-même, et que les intérêts de la monarchie n'étaient qu'un prétexte pour eux ; il quitta aussitôt et sans hésiter l'armée et ses amis, voyagea en Angleterre, en Suisse et en Allemagne pour compléter son instruction, et dans ces courses pacifiques, resta complétement étranger à la politique et aux passions qui troublaient l'Europe.

En 1798, il faillit être la victime des lois d'exception dirigées contre les émigrés. Il parcourait alors la Sardaigne et le Piémont, et il dut la vie au général Grouchy, chef du corps d'armée qui occupait ce pays, qui n'eut pas le courage d'exécuter des lois sévères sur une si noble tête. Appelé dans le camp au milieu de la nuit, le duc de Doudeauville reçut, malgré lui, un sauf-conduit, et ne se décida à franchir la frontière que sur les instances de ceux qui voulaient le sauver.

Il rentra en France en 1800, lorsqu'un gouver-

nement régulier, enfin établi après tant de peines,
lui offrit quelque sécurité. Bonaparte, qui cher-
chait à rallier autour de lui l'ancienne noblesse de
France, et qui voulait appuyer sa jeune gloire sur
ces vieux protecteurs du pouvoir, fit au duc de
Doudeauville les offres les plus brillantes, mais ce-
lui-ci n'eut pas de peine à les refuser; une inviolable fidélité à ses engagements et à ses principes
paraissait si naturelle à son austère probité qu'il
n'eut pas même à combattre pour fuir la carrière
des dignités qui s'ouvrait devant lui. Il accepta seulement la présidence du conseil général du département de la Marne, et, dans ces fonctions qui n'a-
vaient rien de politique, il put se rendre utile à ses
concitoyens et concourir à l'établissement de cette
prospérité publique pour laquelle il montra toujours tant de sollicitude.

En 1814, pur de tout engagement avec un pouvoir dont il n'avait pas accepté les fondements, il
accueillit avec joie l'avènement des Bourbons, et
rentra dans la carrière des affaires. La route qu'il
suivit fut noble et honorable, et l'on peut lui ap-
pliquer à lui-même le portrait qu'il a fait de M. de
Vence dans l'éloge qu'il prononça à la chambre des
pairs après la mort de ce noble membre de sa famille : « Dans toutes les circonstances, dans toutes
« les positions il est de même resté fidèle à la voix
« de la raison, et au milieu de toutes les passions,
« de tous les partis qui, depuis trente ans, ont bou-

« leversé la France, il a su, en déplorant les excès,
« en apercevant les dangers et en signalant les
« écueils, marcher d'un pas sage autant que ferme
« dans le sentier étroit et glissant que son amour
« vif et désintéressé pour le bien public lui a fait
« choisir (1). » Rejeton d'une illustre race, il réussit
à se distinguer par ses vertus plutôt que par ce
grand nom, « qui n'est un mérite, dit-il encore (2),
« qu'autant qu'on le relève par beaucoup d'autres,
« qu'autant qu'on se montre digne dé ceux qui
« l'ont transmis, qu'autant qu'on le regarde comme
« une charge honorable mais pesante, bien plu-
« tôt que comme un privilége. »

Il concourut dès cette année aux travaux de la
chambre des pairs, et se plaça aussitôt sur les bancs
de l'extrême droite ; il accepta aussi le commande-
ment de la deuxième division militaire, et fut nommé
chevalier de l'ordre de Saint-Louis.

La réaction de 1815 l'éloigna encore pour un
temps des affaires, et pendant les Cent jours il ne
prit aucune part au gouvernement, mais il ne
quitta pas Paris.

La seconde restauration le trouva aussi pur et
aussi dévoué ; il signa avec les fondateurs de l'as-
sociation paternelle des chevaliers de Saint-Louis,
une adresse où il témoignait de sa fidélité : « Dai-
« gnez, Sire, y disait-il, agréer et utiliser nos ser-

(1) *Moniteur* du 20 janvier 1820.
(2) *Idem.*

« vices; les sentiments qui nous animent sont
« ceux des chevaliers de tous vos ordres... Tous
« vous demandent, vous conjurent de les mettre au
« premier rang toutes les fois que des factieux ose-
« raient tenter d'attaquer le trône des enfants de
« saint Louis. »

Depuis cette année 1815 jusqu'en 1821, M. le
duc de Doudeauville exerça un grand nombre de
fonctions, dans lesquelles il put montrer son esprit libéral , sa touchante sollicitude pour les
sciences, pour l'instruction publique et pour l'a-
mélioration du sort du peuple. Nommé, en 1816,
président supérieur de l'Ecole polytechnique, et ensuite membre du conseil de perfectionnement de la
même Ecole, il fit beaucoup pour les progrès de
cette grande institution , et laissa des souvenirs
honorables et chers dans l'esprit de tous les hommes
distingués qui y ont été formés. Il s'efforça de
donner à ces hautes études scientifiques l'énergie et
la profondeur qu'elles ne peuvent puiser que dans
le sentiment religieux. «Un peu de science rend
« impie, disait-il aux élèves, en 1817, beaucoup
« de science rend religieux ; » rappelant ainsi cette
union fraternelle de toutes les vérités, dont l'oubli
est aujourd'hui la cause de tous les désordres, et
dont, mieux que personne il comprenait la haute
portée. Il protégea encore, dans le même établissement, le développement des études littéraires, et
ne voulut pas qu'elles restassent inférieures à celles

des sciences ; il n'ignorait pas, en effet, l'influence de la parole dans notre temps. « Il ne s'agit pas « seulement de savoir, disait-il encore à la rentrée « de l'école, en 1818, mais il faut pouvoir bien « exprimer ce que l'on sait. »

Membre du conseil d'instruction primaire du département de la Seine, il ne négligea rien pour hâter l'adoption des méthodes utiles, pour répandre dans les masses une instruction suffisante et une éducation religieuse, seule garantie de leur moralité. Président honoraire de la société pour l'instruction élémentaire (1818), il poursuivit sa tâche avec la même persévérance ; membre fondateur de la société pour l'amélioration des prisons (1819), il prit une part active aux travaux de cette société, dont le but correspondait si bien aux qualités de son cœur, et présenta, dans l'assemblée générale de 1828, et en présence du duc d'Angoulême, un rapport étendu sur les prisons du Midi, où les vues ingénieuses de la plus saine humanité se joignent à un examen consciencieux des faits. Membre du conseil général d'administration des hospices de Paris (1818); plus tard , membre d'une société créée pour l'établissement d'une maison de refuge et pour l'extinction de la mendicité (1829); il consacra à toutes les infortunes la bienveillance de son caractère, à toutes il offrit ses études, ses consolations et sa fortune.

Le 26 décembre 1821, M. le duc de Doudeau-

ville fut appelé à la direction générale des postes ;
il accepta à regret ces fonctions, qu'il garda jusqu'au milieu de l'année 1824, et dans lesquelles il
trouva moyen de rendre d'importants services.
Immédiatement après son entrée en fonctions (le
9 janvier 1822), une longue ordonnance renouvela
son administration et rendit le service plus prompt
et plus exact. Nous n'avons pas le projet d'indiquer
toutes les améliorations qu'il apporta dans cette
partie si importante du service public, dont les
grands développements datent de sa direction, mais
il nous faut noter cependant les principaux.

Le 5 avril 1822, un traité conclu par ses soins
permit l'affranchissement entre la France et le Wur-
temberg ; le 15 novembre de la même année il fit ré-
diger un nouveau tarif, qui déterminait avec plus de
précision les différentes classes de voitures et le
nombre des chevaux dont elles devaient être at-
telées, et qui mettait un terme aux incessantes
contestations entre les maîtres de poste et les voya-
geurs. Au mois de juillet de l'année 1825, il chan-
gea, au grand avantage du commerce, l'heure du
départ des courriers et la porta à six heures et de-
mie du soir, de telle sorte que les dernières levées
des lettres pussent se faire à cinq heures à la Bourse
et à l'hôtel des postes sans que l'arrivée des corres-
pondances au lieu de leur destination souffrît aucun retard, et, pensant qu'il n'avait rien fait tant
qu'il restait quelque chose à faire, il augmenta

encore, au mois de février suivant, la rapidité du service en donnant une heure de plus pour le dépôt des lettres dans les petits bureaux, et une demi-heure pour ce dépôt dans les bureaux d'arrondissement. Enfin, la correspondance avec la banlieue fut aussi améliorée pendant cette année.

Ces travaux d'un administrateur attentif et vigilant ne sont pas sans importance ; le public en profite et les oublie, ils améliorent sa vie de tous les jours, ils facilitent ses rapports, ils lui épargnent des peines, ils servent puissamment aux développements du commerce, au transport des idées, aux progrès de l'instruction, mais ils ne frappent pas l'imagination, et ils restent obscurs et souvent anonymes. Il est bon de les rappeler quand l'occasion s'en présente, et la vie qui s'est consacrée tout entière à les produire mérite le respect et la reconnaissance.

Pendant qu'il occupait la direction générale des postes, M. de Doudeauville reçut de nouveaux honneurs et de nouvelles preuves de l'estime publique ; il fut nommé, le 9 janvier 1822, ministre-d'état et membre du conseil privé ; le 7 janvier 1824, chevalier-commandeur des ordres royaux, et, au mois de juillet 1825, le jury d'examen pour les produits de l'industrie, composé des hommes éminents dans les sciences et dans les arts, et dont M. Arago, le célèbre académicien, faisait partie, le choisissait, *à l'unanimité*, pour son président. Ce témoignage, qui n'est pas suspect, fait l'éloge de M. le duc de Doudeauville à la fois comme homme de bien et comme homme de parti.

Le 4 août, il abandonna l'administration des postes, dans laquelle il fut remplacé par M. le marquis de Vaulchier, et il prit le portefeuille de la maison du roi. Cette position, pas plus que la précédente, ne convenait à ses goûts pour la vie privée, il se détermina avec peine à faire partie d'un ministère, dont il acceptait les principes, dont il approuvait la conduite, mais dont il redoutait les luttes. Il accepta cependant, parce que ses services étaient utiles à la monarchie, et, dégagé de toute ambition personnelle, il ne se crut pas libre de refuser au roi des preuves de son dévouement.

C'est à peu près à cette époque que cesse le rôle militant de M. le duc de Doudeauville à la Chambre des Pairs; nous le voyons pendant la durée de six années, depuis 1819 jusqu'en 1824, prendre part à toutes les discussions importantes, et apporter à la plupart des mesures réclamées par la restauration l'autorité de sa parole, de sa haute sagesse et de sa modération reconnue.

Sa participation aux débats de la noble Chambre devint plus rare pendant la durée de son ministère, et, lorsqu'il se fut retiré des affaires, il garda jusqu'à la révolution de 1830 un silence dont nous indiquerons les causes.

Nous avons apprécié autant qu'il a été en nous

l'administrateur dévoué , laborieux , ami du bien public, et nous le verrons encore donner des preuves nouvelles de ces éminentes qualités. Il faut maintenant nous arrêter un instant pour juger l'homme politique et le législateur.

Nous l'avons dit plus haut, M. le duc de Doudeauville s'était placé tout d'abord dans les rangs de l'extrême droite; il avait accepté le gouvernement constitutionnel fondé par la restauration, et il l'avait accepté sans arrière-pensée, puisqu'il avait consenti à le servir ; mais cette théorie politique, si flexible, n'est qu'un champ-clos où se rencontrent la démocratie et la royauté ; le système constitutionnel placé en équilibre sur une fiction, qui ne tient rien de lui, qui emprunte tout à des idées contradictoires, et dont la logique la plus ferme s'épuise à trouver le véritable caractère, menace incessamment de tomber vers la république ou vers la monarchie absolue ; avec bonne foi, avec loyauté c'est de ce dernier côté que voulait l'attirer M. le duc de Doudeauville. Ennemi de toute démocratie et de tout désordre,—ces idées se confondaient pour lui,—mais ennemi bienveillant et modéré, comme nous savons déjà, il voulait surtout une religion honorée, un pouvoir fort et respecté, une direction intelligente et supérieure de la puissance publique ; il voulait ce qui était juste peut-être, mais ce qui était impossible, l'expérience l'a bien prouvé depuis ; il voulait enfin le gouvernement à des conditions que ne pouvait accepter l'esprit du siècle ; pénétré de trop vifs regrets pour le passé, il n'était guère capable de débrouiller le chaos du présent.

Ainsi on le voit se prononcer à plusieurs reprises contre la liberté de la presse, et voter pour toutes les lois dirigées contre elle : « On dit qu'il faut des « journaux à un gouvernement représentatif, s'é- « crie-t-il dans la séance du 29 décembre 1818, ne « dirait-on pas avec plus de vérité que les garanties « qu'il a d'ailleurs, rendent celle-ci moins néces- « saire. » On voit que le raisonnement est absolu, et il ajoutait dans la même discussion : « Plus ef- « frayé des inconvénients que touché des avantages « de la liberté de la presse, je vote avec franchise « en faveur d'une loi qui tend à la restreindre. »

On est fort épris aujourd'hui de ce qu'on appelle les *libertés*, l'avenir apprendra si elles se concilient avec la *liberté* véritable, si elles laissent au gouvernement l'action qui lui est nécessaire, et si elles ne sont pas une conséquence fâcheuse de ce matérialisme politique qui sacrifie la justice aux intérêts, la collection à l'individu, et qui, en protégeant chaque citoyen, laisse la cité sans défense ; des phrases de journaux ne décident pas grand'chose en cette matière, et l'on sent qu'après quarante ans de discussion la question, aussi peu éclairée qu'au premier jour, laisse dans l'obscurité les bases rationnelles et légitimes du pouvoir, de ce pouvoir qui n'a plus de sens et qui n'exprime plus rien, s'il est impuissant, et auquel les opinions les plus avancées, comme on dit encore aujourd'hui, ne sont peut-être pas celles qui, enfin désabusées, accorderaient les moindres priviléges.

M. de Doudeauville ne voulait rien enlever à l'autorité des débris de puissance que les révolutions lui avaient laissés. C'était pour seconder son action et non pour la contrôler et l'entraver qu'il se croyait appelé à voter sur les mesures politiques. Aussi il était ministériel sans hésitation, mais sans servilité, et avec cette loyauté dont il a donné tant de preuves, il nous dit lui même jusqu'à qu'elle limite il veut étendre sa critique des actes du pouvoir : « Il a pris pour règle de sa conduite d'adopter « toute proposition du gouvernement lorsqu'il la « croit bonne, de l'adopter encore lorsqu'elle lui « semble douteuse, et de ne la rejeter que lors- « qu'après un mûr examen il la trouve mau- « vaise (1). »

Certes, tout cela n'est pas le régime constitutionnel entendu comme on le fait aujourd'hui, et, avouons-le franchement, comme il faut l'entendre. M. de Rémilly l'a dit profondément, il y a quelques années, à la tribune, les bases de cette forme mixte de gouvernement sont la méfiance et le contrôle, et le système représentatif n'est rien qu'un compromis entre des partis extrêmes, qui ne s'estiment pas, se défient les uns des autres et se sur-

____

(1) *Moniteur* du 29 mai 1825.

veillent avec soin. On s'est plaint de cette affirma-
tion, mais on n'a rien répondu. M. le duc de
Doudeauville, attaché par instinct et par éducation
à d'autres principes, ne pouvait accepter ce système, et de bonne foi brisait les formes constitu-
tionnelles quand il croyait s'y renfermer. Entre
l'autorité publique et la démocratie il n'hésitait jamais ; combattant sans relâche la seconde, et forti-
fiant autant qu'il le pouvait la première, il vota
toutes les lois que la restauration demanda aux
chambres pour arrêter le développement des idées
révolutionnaires ; la licence, dans son esprit, est
toujours placée à côté de la liberté. Propose-t-on de
soumettre les libertés de la presse à la juridiction du
jury, il combat cette mesure : «Il s'agit, dit-il,
« d'enlever au roi, chef suprême de la justice, une
« partie importante de ses attributions pour la
« transférer au peuple. » Cependant l'esprit conci-
liant et modéré de M. de Doudeauville enlevait à
ces opinions ce qu'elles avaient de trop absolu, et
s'apercevant bien que son langage était peu constitutionnel, il ajoute : « Peut-être ce jour arrivera-
« t-il, mais les temps de trouble n'y sont pas fa-
« vorables. » Est-il question de laisser libre la
publication des livres et de ne les saisir qu'après
l'émission dans le public, il pense que le dépôt doit
être considéré comme une publication, « Autre-
« ment, dit-il encore, aucun ouvrage ne sera saisi,
« aucun attentat réprimé. Permettrait-on à des

« marchandises infectées de sortir du lazareth où
« elles sont retenues pour les chercher ensuite
« dans la société, après qu'elles y auront répandu
« la désolation et la mort. »

Lorsqu'au commencement de 1820 l'assassinat
du duc de Berry devint l'occasion de nouvelles ri-
gueurs et de nouvelles demandes ministérielles
contre la liberté de la presse, M. de Doudeauville
obéissant encore à ses convictions vota pour la loi
proposée. On se rappelle cette grande lutte où les
plus grands noms combattaient des deux côtés. On
se rappelle ce célèbre rapport de M. de la Rochefoucaud Liancourt, travail plein de noblesse et de
fermeté. La commission repoussait la loi. « L'arbi-
« traire, disait le noble rapporteur, n'est plus un
« véritable moyen de puissance, pas plus que la fi-
« nesse n'en est un de gouvernement. » On sait
quelle popularité acquit à cette époque M. de la
Rochefoucaud. Le duc de Doudeauville suivit un
avis contraire à celui de son illustre parent, et pro-
posa même un amendement qui avait pour but d'é-
tendre les dispositions de la loi aux pamphlets qui
avaient moins de cinq feuilles d'impression ainsi
qu'aux estampes, lithographies et caricatures. Bientôt il retira son amendement combattu par M. de
Pontécoulant, et M. le duc de Fitzjames reprit et
fit adopter la partie de cette proposition qui se rap-
portait aux dessins.

Enfin cette loi, combattue par la commission de

la Chambre des Pairs, combattue par l'opinion publique, toute balafrée par des amendements ou par des retranchements qui en atténuaient la rigueur, passa comme une condamnée dans la législation du royaume, portée par 106 voix seulement sur 210 votants, c'était tout ce qu'il fallait pour qu'elle ne pérît pas.

M. de Doudeauville se prononça encore, et toujours fidèle aux mêmes vues, contre le mode d'avancement qu'on voulait donner à l'armée. « Tout of-« ficier subalterne, disait-il, n'est pas propre à « faire un officier supérieur, et le moyen de rendre « cette incapacité plus fréquente est de dispen-« ser de tous efforts pour la vaincre ceux qui « en seraient atteints en leur offrant la perspective « d'un avancement assuré. » Et il faut noter ici les bizarres fluctuations de l'opinion publique et rappeler que ce sentiment, émis par un membre de l'extrême droite sous la restauration, était soutenu, il n'y a pas longtemps, par une feuille publique dévouée aux intérêts de la démocratie pure, et qui, aussi bien qu'aucune autre peut-être, connaissant la nature du pouvoir, établissait sur de solides raisons, dans la matière qui nous occupe, que l'autorité devait avoir la plus grande latitude dans ses choix pour qu'ils fussent dignes et sérieux, que l'ancienneté ne prouverait jamais rien et que le mérite véritable ne pouvait être déterminé dans les articles d'une loi.

M. le duc de Doudeauville appuya enfin de sa parole et de son adhésion la loi si fameuse du double vote ; et toutes ces opinions bien contraires aux passions du jour et peut-être à ses véritables besoins, mais exposées avec loyauté et, on peut le dire aussi, avec quelque courage, en racontant sa vie, nous ne devons pas plus les dissimuler qu'il ne les dissimula lui-même, car elles ne lui font pas moins d'honneur auprès de ses adversaires, qu'auprès de ses amis. Et, en effet, « ses adversaires politiques les plus prononcés » disent MM. Sarrut et Saint-Edme qui, à cet égard ne sont pas suspects, « lui rendent cette justice que nul n'a défendu les principes monarchiques de la légitimité avec un plus loyal et plus consciencieux désintéressement.... Nous serions heureux si nous pouvions dire de tous nos adversaires politiques comme de M. de Doudeauville : Avant tout c'est un honnête homme. »

Soutien constant de la cause monarchique, il ne défendait pas, on le comprend, avec moins de sollicitudes les intérêts plus sacrés encore pour lui de la religion. En cela il n'agissait pas sous l'influence de cette conviction philosophique si commune aujourd'hui qui, considérant cette religion comme un instrument politique, défend en elle un moyen de pouvoir et de gouvernement ; mais, chrétien fidèle, il voulait rendre tout son éclat à cette foi à laquelle il se soumettait le premier ; il ne lui suffisait pas que la loi réprimât les offenses à la morale et aux bonnes mœurs, si elle négligeait de protéger aussi le dogme fondement de toute vérité et de toute morale. « Qu'est-ce en effet que la morale, disait-« il, ce n'est évidemment qu'une partie de la reli-« gion qui se compose en outre du dogme et du « culte. Si vous vous contentez de punir l'outrage « à la morale vous abandonnez le culte à des atta-« ques qui ne sont pas moins dangereuses pour la « religion. Et jamais il ne sera inutile de rendre « un hommage public à la religion qui a tiré l'Eu-« rope de la barbarie et dont nos plus belles ins-« titutions, nos vertus les plus touchantes sont un « bienfait. Il ne le sera jamais d'insérer le nom de « Religion dans un code de lois où nulle part il « n'est prononcé. » A ces hauteurs les simples inspirations de la foi se rencontrent avec les vues les plus profondes de la philosophie.

L'homme qui s'était constamment occupé de la prospérité matérielle de son pays ne resta pas non plus muet sur cette matière à la Chambre des Pairs, et ses travaux dans ce sens nous révèlent des vues élevées, des opinions libérales et des études faites avec soin. Il prit une part active à la discussion du projet de loi présenté par M. de Villèle sur la réduction de l'intérêt des rentes qui devait succomber alors comme aujourd'hui, mais pour de bien autres raisons, et nous trouvons le pair royaliste, favorable à une mesure repoussée par l'opinion qui l'a adoptée avec tant de passion dans ces derniers temps,

soutenant le droit du remboursement, développant
ses avantages et défendant sa moralité dans un long
discours où il prouvait qu'il n'était resté étranger
à aucune des connaissances qui intéressaient la chose
publique.

Dans les débats d'un projet de loi sur les canaux,
il se montra l'adversaire de ces mesures incomplètes
qui laissent le pays en suspens et qui ôtent à la discussion sa lucidité et sa profondeur. « Il faut, dit-il,
« un plan général, un système dont on saisisse au
« premier coup d'œil les avantages pour lever tous
« les obstacles, éveiller tous les intérêts, appeler
« toutes les concurrences. » C'est ce que récemment
des voix puissantes demandaient encore à la tribune.
Il déplore, dans l'intérêt de notre commerce,
« ce système prohibitif que, sans l'approuver,
« nous sommes obligés de suivre » et qu'il combat
plus tard dans un lumineux rapport sur une loi fi-
nancière.

Il ne peut être inutile de connaître l'opinion de
cet homme d'état sur une question qui partage aujourd'hui encore les économistes, et qu'il décide
sans hésiter dans le sens des opinions libérales.
« Un des plus grands obstacles, dit-il, au dévelop-
« pement de l'industrie est le système prohibitif
« adopté d'abord par une puissance voisine, et
« successivement, on peut dire même forcément,
« adopté par tous les états..... il tend à isoler
« toutes les nations, à priver tous les peuples des

« jouissances qu'ils pourraient réciproquement et
« économiquement se procurer, à détruire enfin
« une partie des grands avantages que peut offrir
« le commerce. »

A son entrée au ministère de la maison du Roi,
M. le duc de Doudeauville commença son administration par un acte de munificence, trop rare pour
qu'on l'oublie ; il abandonna les 25,000 francs
qui lui étaient alloués comme frais d'installation,
et les distribua en aumônes. Il se montra pendant
deux ans, dans ces hautes fonctions, protecteur
zélé des arts et de ceux qui les cultivent, et accorda
plus de seize millions de secours sur les fonds de
la liste civile. On lui doit des constructions nouvelles dans le château de Saint-Cloud, les bâtiments
du Louvre qui s'étendent du guichet de l'échelle à
la rue Saint Nicaise, la salle Ventadour, présent
malheureux fait aux lettres, et la fondation de l'Ins-
titut agricole de Grignon. Toujours habile à servir
les intérêts de notre commerce, il lui fit faire des
conquêtes nouvelles. « Au prix de bien des fatigues,
et au poids de l'or, dit un de ses biographes, il fit
acheter secrètement en Angleterre des moutons à
longues laines, les fit répartir dans des établissements ruraux et assura au commerce français les
moyens de fabriquer avec succès la poupeline, et de
déposséder la Grande Bretagne du monopole exclu-
sif de plus de vingt millions annuels sur cette
branche d'industrie. »

Il appliqua à la comptabilité particulière de la maison du Roi le système plus parfait, adopté depuis 1822 dans les autres ministères, et rendit plus rapide et plus régulière cette partie de son administration.

En 1825, il fut attaqué d'une maladie grave qui, en exposant ses jours, lui donna l'occasion de montrer toute la noblesse de son cœur. La famille royale prit l'intérêt le plus vif à l'état du noble duc, et le Roi, deux fois par jour, envoyait auprès de lui et s'informait d'une santé qui lui était si précieuse. Sa vie était compromise, les médecins lui conseillaient un repos absolu ; cependant il ne consentit pas à interrompre ses travaux et ne cessa de s'occuper des affaires de son ministère. Les malheureux, surtout, éveillaient sa sollicitude : il voulait voir le travail des pensions et secours. « Je puis mourir, et les pauvres ne peuvent attendre, » répondait-il à son secrétaire qui l'engageait en vain au repos.

Cette même année 1825 nous offre encore un trait touchant de la noble piété du duc de Doudeauville. Il avait accordé les soins d'un père à une jeune fille qui, placée en 1811 dans un pensionnat et entretenue sur les fonds de la cassette de Saint-Cloud, avait dû être abandonnée en 1814 par les personnes dont elle avait obtenu la faveur. Mme la duchesse de Doudeauville prit un tendre soin de son éducation ; la jeune fille répondit à la bienveillance dont elle avait été l'objet ; elle acquit une instruction solide et fut placée dans l'administration des postes par son généreux protecteur. Il compléta enfin cette bonne action en la mariant dans le cours de cette année, et il en reçut le prix le plus doux, les larmes de la reconnaissance.

En 1826, il alla, selon son habitude, présider le conseil-général de la Marne : son entrée dans la ville fut un véritable triomphe. En vain, il avait trompé les habitants sur l'heure de son arrivée pour éviter cette ovation, l'affection qu'il avait fait naître déjoua les efforts de sa modestie, et le peuple, accouru sur son passage, accueillit avec enthousiasme le ministre intègre et l'homme de bien.

Une déplorable circonstance commença à le détacher de l'administration à laquelle il avait concouru avec tant de dévouement. M. le duc de la Rochefoucaud Liancourt, son parent, mourut en 1827 ; ses opinions libérales, comme nous l'avons vu, lui avaient fait une imposante popularité ; la jeunesse se porta en foule à ses obsèques, elle voulut lui donner un énergique et dernier témoignage de sa connaissance et porter son cercueil. L'autorité s'interposa avec violence, avec maladresse, une lutte s'engagea, et les restes du noble pair furent indignement profanés. M. de Doudeauville, pénétré de douleur, ressentit vivement cet outrage, et avec un cœur trop élevé pour mêler les rancunes de parti à des sentiments de famille, de dignité et convenance, ne trouva pas dans ses amis politiques les consolations qu'il en devait attendre ; on resta froid en présence d'un malheur qui frappait un adversaire. Il eut pour un instant la pensée de donner sa démission et de se séparer d'hommes que pouvait aveugler à ce point la vivacité de leurs sentiments ; il voyait dès-lors où menaient toutes ces erreurs ; on agit auprès de lui et il garda son portefeuille pendant quelque temps encore, mais une mesure impolitique , le licenciement de la garde nationale, fut le signal de sa retraite. Il s'aperçut bien que la monarchie marchait à sa perte, il voulut la rappeler à une conduite plus prudente et il adressa au Roi, avec sa démission, une lettre qui fut comme une inutile prophétie et qui lui fit alors une popularité dont sa modestie et plus encore sa fidélité ne voulurent pas profiter.

Voici cette lettre, qui est une pièce importante de l'histoire de la restauration :

Sire,

« Moi aussi j'aime la force et la fermeté, mais il ne suffit pas de frapper fort, il faut frapper juste ; or, la mesure que vos ministres viennent de prendre est aussi fausse qu'elle est violente ; d'ailleurs elle en annonce et elle en amènera d'autres de même nature, qui pourront être funestes, et auxquelles je ne veux pas prendre part.

« N'est-il pas impolitique de faire perdre à Votre Majesté l'affection de la ville de Paris, qui depuis quarante ans a toujours décidé du sort du royaume ?

« N'est-il pas imprudent de faire quarante mille mécontents, auxquels on est obligé de laisser quarante mille fusils ?

« N'est-il pas maladroit et coupable de faire croire à la France, à l'Europe que Charles X, qui mérite si bien l'amour de ses sujets, et qui en a reçu hier tant de témoignages, n'en est point aimé ?

« Pour moi, je lui suis trop dévoué pour vouloir partager une pareille faute, pour vouloir y contribuer, et, quoiqu'il m'en coûte de méloigner d'un si bon roi, je le prie d'accepter ma démission ; j'espère qu'il verra dans ce sacrifice une preuve de plus de mon zèle, de mon attachement et de mon respect. »

L'énergie de ces paroles, peu d'aceord avec la sérénité habituelle de **M.** de Doudeauville, témoigne assez de l'impression pénible qui les avait dictées, au moment où cette mesure imprudente venait de déchirer violemment le voile d'espérances et d'illusions qui, jusqu'à ce moment, lui avait caché la vérité.

M. de Doudeauville fut le dernier ministre de la maison du Roi ; **M.** de la Bouillerie qui le remplaça n'eut que le titre d'intendant-général.

Depuis cette époque jusqu'en 1830, il garda à la Chambre des pairs un silence sévère et presque désapprobateur ; il donna des avis fréquents pour signaler les dangers qu'il voyait, mais une confiance malheureuse et inconcevable inspirait alors l'administration publique et ces avis ne furent pas écoutés ; il se rangea parmi ce petit nombre d'hommes éclairés qui restaient fidèles au milieu des périls, qui suivaient avec anxiété la marche des affaires sur laquelle on ne leur laissait aucune influence et qui ne pouvaient plus faire pour la monarchie que des vœux impuissants.

Il vit avec douleur la révolution de 1830, il craignit un instant tous les excès qui avaient épouvanté sa jeunesse, mais, rassuré sur ce point, il ne refusa point à ses adversaires politiques le témoignage de sa reconnaissance pour le mal qu'ils avaient empê-ché, et il fit inscrire dans les procès-verbaux de la Chambre des pairs l'expression de cette reconnais-sance pour la garde nationale de Paris dont la con-duite, disait-il, était au-dessus de tout éloge.

Lorsque les ministres furent jugés, il ne craignit pas de les défendre. Lorsque M. de Bricqueville fit une proposition pour le bannissement de la branche aînée, le vieux serviteur de cette famille, celui dont la race, depuis huit siècles, avait vieilli et s'était il-lustrée aux côtés de la race de ses maîtres et qui lui avait consacré « un dévouement sans autres bornes « que ses forces, sans autre terme que sa vie, » (1) monta le premier à la tribune, et sans se soucier du danger, pour combattre un projet si contraire à ses principes ; il connaissait toutes les difficultés de la position : son langage fut digne, modéré, mais ferme ; appuyé sur une carrière constamment pure de tout excès, il pouvait mieux que tout autre re-pousser une mesure qu'il croyait le résultat des ex-cès révolutionnaires. «Vous écouterez avec bienveil-« lance, » disait-il en rappelant les principaux actes de sa noble vie, «celui qui, en 1814, commissaire du « Roi avec les pouvoirs les plus étendus, n'en a usé « qu'avec la plus grande réserve ; celui qui, dans « toutes les places qu'il a occupées, a empêché toute

____

(1) Discours à S. M. en lui présentant le jury pour l'exposi-tion des produits de l'industrie.

« mesure violente, toute pénible réaction, tout in-
« juste déplacement ; celui qui, dans ses proclama-
« tions, ne s'est jamais permis le moindre mot of-
« fensant contre l'homme extraordinaire dont
« l'ambition avait couvert la France de lauriers et
« de cyprès. » Il fut écouté, en effet, et le pays ne
trouva que des paroles d'approbation pour le serviteur fidèle qui, dans les premiers moments d'une
révolution dont il était le vaincu, osait encore pro-
clamer son attachement inviolable à ses engagements, et au milieu de tant de serments violés, con-
server intacte la foi du serment.

Ces paroles sont les dernières qu'il ait fait entendre à la Chambre des pairs. Le 16 janvier 1832, il
se démit de ses hautes fonctions par une lettre où
l'on retrouve encore sa modération habituelle. Il
doit, d'autant plus, dit-il, renoncer à la pairie
« que les motifs qui l'y poussent lui paraissent ho-
« norables, et que le parti qui en était le résultat
« renfermait un sacrifice. » Et il ajoute : « le désir
« du bien m'avait fait rester à la Chambre, le désir
« du bien m'en a fait sortir. Ce désir a toujours
« été, j'ose le dire, l'objet de toutes mes pensées,
« le mobile de toutes mes actions, et, jusqu'à mon
« dernier soupir, il sera l'occupation, l'intérêt et
« peut-être le rêve de ma vie. »

M. de Doudeauville, nous l'avons dit, avait suivi
activement depuis 1814 les travaux de la Chambre,
et nous avons essayé d'indiquer quelle avait été sa

part dans ces travaux, quel avait été son rôle dans l'action politique de cette assemblée ; il y tint toujours un rang distingué et fut appelé aux honneurs ou aux fonctions que l'élection y confère ; trois fois, il fit partie du bureau définitif en qualité de secrétaire, souvent il fut nommé président ou secrétaire dans les bureaux ; il participa aux études de près de trente commissions dont quelques unes le nommèrent leur rapporteur, et, six fois, il fut placé dans la commission de l'adresse dont, on le sait, la rédaction soulevait alors des discussions si importantes.

A partir de cette époque, le duc de Doudeauville rentra pour la dernière fois dans la vie privée. Il est peut-être, dans ces temps de lutte, le seul exemple d'un homme que la presse n'a jamais attaqué, et dont on n'a jamais suspecté les intentions ni blâmé la conduite. La faveur des rois est aujourd'hui une triste recommandation auprès des peuples ; il sut encore subir cette épreuve avec succès, et, depuis la révolution, il fut nommé, à une grande majorité, membre du conseil général de la Marne qu'il a présidé pendant 30 ans et jusqu'à sa mort. Mais, retiré des affaires, il n'a pas trouvé que ce seul moyen de faire le bien. S'il avait accepté de sa race l'héritage des grandeurs, il avait accepté avec bien plus d'empressement ce legs héréditaire de bienfaisance et de charité, noble majorat qui s'était transmis à travers les siècles. Sa protection, ses conseils, son active surveillance ne se sont jamais

refusés aux projets honorables, et à peine trouve-
rait-on dans notre époque une entreprise utile, une
fondation de bienfaisance, une institution destinée
à protéger les mœurs, les sciences, à secourir le
malheur, à développer l'instruction, dont il ne se
soit montré le partisan et le patron. Cette dernière
partie de sa vie plus obscure n'est pas moins digne
de louanges. Au milieu des dangers du choléra, on
le vit, plus actif et plus dévoué, porter aux uns des
encouragements, aux autres des consolations et des
secours. Le village de Montmirail où il s'est éteint,
le 2 juin de cette année, à l'âge de 76 ans, et après
une vie si bien remplie, conserve le souvenir touchant des bienfaits dont il a été l'objet et qui se
perpétuent dans un hôpital fondé par lui et doté par
sa munificence, tandis que la France ratifie ce ju-
gement qu'il invoquait lui-même et que portait de
lui un homme dont les opinions nous garantissent
la sincérité : *avant tout, M. le duc de Doudeauville a
été un honnête homme.*

Th. Jumièges.

Paris. — Imp. de C. Bajat, rue Montmartre, 131.

BIBLIOTHEQUE ROYALE